¡Observar y realizar experimentos es la mejor manera de aprender y comprender la ciencia! **Cécile Jugla,** autora de libros para jóvenes, está convencida de ello, y por eso hizo esta colección, tan llena de hallazgos.

Jack Guichard, uno de los creadores de la Cité des Enfants, y exdirector del museo del Palais de la Découverte, en París, quiere que los grandes principios científicos estén vivos y al alcance de todos los niños.

Laurent Simon ilustra textos para los más pequeños y los que son un poco más grandes, y de vez en cuando escribe. Disfruta especialmente trabajar con textos de temas prácticos o científicos.

¡Que se expriman los otros!

Título original: *La science est dans le citron*

Texto de Cécile Jugla y Jack Guichard
Ilustraciones de Laurent Simon
© 2019 Éditions Nathan, SEJER, París, Francia
Traducción: Juana Inés Dehesa

Fotografías © Shutterstock

D.R. © Editorial Océano, S.L.
D.R. © Editorial Océano de México, S.A. de C.V.

Primera edición: 2020
ISBN: 978-607-557-080-8

IMPRESO EN FRANCIA / *PRINTED IN FRANCE*

La ciencia está en,

---> # EL LIMÓN

Texto de **Cécile Jugla** y **Jack Guichard**
Ilustraciones de **Laurent Simon**

OCEANO Travesía

Índice

CONOCE TU LIMÓN

Encontraste tu limón guardado junto a la fruta de la cocina. ¿Qué pasa si lo miras de cerca?

¿Qué forma tiene?

cuadrada   ovalada   redonda   triangular   uf, quién sabe

Respuesta : ovalada.

¿De qué color es?

morado   anaranjado   café con manchas de leopardo   blanco   amarillo   verde con puntos rosas

Respuesta: amarillo.

Pesa lo mismo que:

un bote de yogurt lleno   una alcachofa   una lata de refresco llena

Respuesta: un bote de yogurt lleno.

Éste es un limón verde. Se llama también "limón criollo", y es un primo del limón amarillo.

8

Según tú, el limón crece:

bajo la tierra   sobre el suelo   en un arbusto   bajo el agua

Respuesta: el limón es el fruto de un arbusto, el limonero, y cuelga de las ramas por el tallo.

Encuentra tres primos del limón entre estas frutas.

la cereza

el plátano

la piña

la naranja

el durazno

la manzana

la mandarina

el albaricoque

la toronja

Respuesta: la naranja, la mandarina y la toronja pertenecen, como el limón, a la familia de los cítricos.

¡Súper! Tu limón te ha revelado sus secretos. Da vuelta rápidamente a la página para conocerlo mejor.

QUÉ HAY DENTRO DE TU LIMÓN?

¡Pídele a un adulto que parta tu limón en dos y observa su interior!

La hoj

El limón está formado por **gajos o carpelos;** tiene entre 8 y 12 (cuéntalos). Guardan la pulpa con el jugo.

La placenta o eje central

La cáscara tiene 2 partes:

El epicarpio es amarillo y duro. Es la parte de la cáscara que se ralla.

Sembré una semilla de limón en la tierra. ¡y mira el resultado! Diviértete haciendo lo mismo que yo.

El endocarpio es blanco y suave.

Éstas son **las semillas del limón.** ¿Cuántas tiene el tuyo?

El tallo
o pedículo

Un secreto +

Observa la cáscara de tu limón. En la piel amarilla puedes ver pequeñas bolsitas llenas de líquido: es la esencia, el perfume, del limón. Si perforas las bolsitas y las pruebas, verás que su sabor es amargo.

Rallé la cáscara
¡y huele muy bien!
Es perfecta para
ponerle a los pasteles.

¡Uy! ¡Eso
huele bien!

¡Bravo! La estructura de tu limón
ya no es un misterio para ti.

EXPRIME TU LIMÓN

El jugo de limón se guarda en las bolsitas de la pulpa.

¿Qué diferencias encuentras entre el jugo de estos dos vasos?

Un mismo limón puede soltar entre 4 y 5 cucharadas soperas de jugo. ¿Cuánto jugo crees que tenga tu limón?

El jugo de medio limón exprimido con la mano.

El jugo de medio limón exprimido con un exprimidor de cítricos.

Un secreto +

Antes de cortar y exprimir tu limón, hazlo rodar con fuerza sobre la mesa. Eso provocará que se rompan las bolsitas y se libere el jugo.

Respuesta: el jugo extraído con un exprimidor de cítricos no tiene pulpa ni semillas, y es más abundante.

¿Cómo funciona el exprimidor de cítricos?

Hay que empujar medio limón sobre la punta y hacerlo girar para extraer el jugo.

Las aristas del exprimidor de cítricos rompen las paredes de las bolsitas y sale el jugo.

La rejilla retiene las semillas y la pulpa.

Descubriste el método más eficaz para extraer el jugo del limón y entendiste el funcionamiento del exprimidor de cítricos: ¡eres el rey de la técnica!

PON A FLOTAR TU LIMÓN

Coloca dos limones amarillos y uno verde en el agua.

¡Ja! Mi limón amarillo flota.

¡El limón verde se va hasta el fondo!

¿Por qué el limón amarillo flota y el limón verde se hunde?

Mira lo que pasa cuando pelas el limón amarillo.

¡Se hunde!

El limón verde tiene una cáscara más delgada, **sin burbujas de aire** dentro, por eso se **hunde.**

La parte blanca de la cáscara contiene **burbujas de aire** que hacen que el limón amarillo **flote.**

¡Felicidades! Descubriste que el aire permite que tu limón flote, de acuerdo con un fenómeno conocido como principio de Arquímedes.

EVITA QUE TU MANZANA SE PONGA CAFÉ

¿Cómo están tus mitades de manzana cuatro horas después?

¡Qué buena cara tengo!

¡El limón es mi loción solar!

La mitad de manzana que no se roció con jugo se puso café.

La mitad rociada conservó su color.

¿Por qué el jugo de limón impide que se oscurezca la manzana?
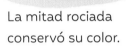

Al entrar en contacto con **el oxígeno del aire,** la pulpa de la manzana "reacciona", y por eso se pone café. Es por la melanina, resultado de **la oxidación.**

El jugo del limón **impide** que la carne de la manzana se **oxide...** gracias a que contiene **vitamina C.**

¡Increíble!
La banana y el aguacate se oxidan fácilmente, pero el melón y el tomate no, porque tienen su propia vitamina C.

Qué fuerte: comprobaste la propiedad antioxidante del jugo de limón.

LIMPIA UNA MONEDA

Mi moneda es nueva: ¡tiene un hermoso color rojizo y brilla!

¡Bu!, mi moneda está vieja y ennegrecida.

La moneda nueva es rojiza porque contiene un metal, el cobre, que le da ese color.

Con el paso del tiempo, el cobre reacciona con el oxígeno del aire; se ennegrece o se oxida.

Yo tengo un secreto para limpiar mi moneda…

1 hora más tarde...

¡Mira, ya sequé mi moneda, y la mitad que sumergí en el limón está como nueva!

¡Gracias por el consejo!

¿Por qué está limpia la moneda?

El ácido cítrico que contiene el jugo de limón reacciona con la capa negra, la **capa de óxido,** de la moneda ¡y la destruye!

¡Increíble!
Gracias a esta propiedad desoxidante, el limón sirve para abrillantar los cubiertos y cualquier objeto de cobre o de plata, así como para dejar la ropa más blanca.

¡Felicidades! ¡Observaste la propiedad desoxidante del jugo de limón!

MANDA UN MENSAJE SECRETO

5 minutos después, el mensaje ya se secó.

Papá debe calentar la hoja con la plancha sin moverla durante un minuto...

Plancha muy caliente

...¡y aparece nuestro mensaje!

¿Por qué el jugo de limón se hace visible con el calor?

El azúcar que contiene el jugo se vuelve café con **el calor,** como el azúcar blanca que se derrite en una cacerola: se **carameliza.**

¡Bravo! ¡Descubriste que el jugo de limón contiene azúcar que se carameliza con el calor!

HAZ BAILAR LOS COLORES

Una hora más tarde, ¡el jugo de col morada está frío!

Filtra el jugo en tres vasos con una coladera pequeña.

A

B

C

Los trozos de col se quedan en la coladera.

Vierte 4 cucharaditas de jugo de limón.

Vierte 4 cucharaditas de vinagre blanco.

B

C

¡Abracadabra! Los jugos se vuelven rojos como por arte de magia. ¿no?

¿Y cuál es el truco?

El jugo de col se pone rojo brillante cuando entra en contacto con un ácido. Esto revela que **el limón** es **ácido** como el vinagre. Te darás cuenta de ello si bebes jugo de limón puro: ¡qué agrio!

¡Eres un químico de gran talento! Ahora puedes reconocer una sustancia ácida.

PREPARA QUESO FRESCO

Necesitas medio litro de leche.

La leche se calienta a fuego lento. No debe hervir: en cuanto empiece a formar burbujas pequeñas hay que retirarla del fuego.

Estoy vertiendo 4 cucharadas soperas de jugo de limón en la leche caliente. ¿Notas algo distinto?

Sí. se cuaja: la leche se vuelve sólida por zonas.

El líquido amarillo y translúcido es el suero de leche.

Los bloquecitos sólidos, la cuajada.

¿Por qué se cuaja la leche?

¡Por otra reacción química! El **ácido cítrico** del jugo de limón vuelve sólida una parte de la **leche**, que se **coagula...** o se **cuaja**.

1 hora más tarde

Vertimos la cuajada en una coladera.

tela delgada

Después la metemos al refri.

La cuajada se queda y el suero de leche se cuela.

6 horas más tarde

Mezclé la cuajada con sal y cebollín picado.

¡Ñam! ¡Muy buen queso para untar!

Eres un chef de verdad que sabe cuajar la leche: ¡la primera etapa para fabricar queso!

¿Por qué burbujas?

A causa de **una reacción** que sucede entre el **ácido cítrico** del limón y **el calcio** presente en el caracol y la tiza, y que produce burbujas de dióxido de carbono.

Y después, ¿qué ves?

¡Burp!

Poco a poco, el caracol pierde su calcio, que forma una pasta blanca.

Rápidamente, el calcio de la tiza y su colorante se disuelven en el jugo, que se pone azul.

¡Increíble!
El jugo de limón destruye también el sarro o el calcio que recubre los grifos. ¡Pueden rejuvenecer!

¡Qué talento! Ahora ya identificas los objetos que contienen calcio... ¡gracias al ácido cítrico del limón!

CONSTRUYE UN VOLCÁN

¿Y qué es esa lava?

El ácido cítrico del jugo de limón hace una reacción química con el **bicarbonato de sodio.** Esta reacción produce burbujas de dióxido de carbono que expulsan el líquido rojo de la botella.

Un secreto +

Puedes preparar tu propio refresco en casa con jugo de limón exprimido, la misma cantidad de agua, una cucharadita de azúcar y una pizca de bicarbonato.

Bicarbonato + limón = dióxido de carbono a montones. ¡Bravo! Ya conoces esta ecuación de memoria.